COUR IMPÉRIALE D'AIX

AUDIENCES DES 51 MAI, 1ᴱᴿ ET 10 JUIN 1869

MM. DE CLAPIERS

CONTRE

M. D'ISOARD

Conclusions de M. l'Avocat général DESJARDINS

PARIS

IMPRIMERIE VIÉVILLE ET CAPIOMONT

6, RUE DES POITEVINS, 6

COUR IMPÉRIALE D'AIX

AUDIENCES DES 31 MAI, 1ER ET 10 JUIN 1869

MM. DE CLAPIERS

CONTRE

M. D'ISOARD

Conclusions de M. l'Avocat général DESJARDINS

PARIS

IMPRIMERIE VIÉVILLE ET CAPIOMONT

6, RUE DES POITEVINS, 6

COUR IMPÉRIALE D'AIX

(PREMIÈRE CHAMBRE)

PRÉSIDENCE DE M. RIGAUD, PREMIER PRÉSIDENT

AUDIENCES DES 31 MAI, 1ᵉʳ ET 10 JUIN 1869

I. — *Le demandeur en addition de nom qui, s'étant pourvu devant les tribunaux ordinaires pour empêcher un tiers de porter le nom qu'il sollicite lui-même, a été déclaré non recevable faute d'intérêt et de qualité, ne saurait être écarté par l'exception de la chose jugée quand il prétend faire décider par ces tribunaux que l'opposition de ce tiers à sa demande en addition de nom est mal fondée.*

II. — *Le demandeur en addition de nom est recevable à réclamer devant la juridiction compétente contre une opposition mal fondée : il n'est pas indispensable qu'il fasse connaître le texte même de l'opposition.*

III. — *La juridiction compétente est la juridiction ordinaire.*

IV. — *L'acquisition d'un fief noble, postérieure à la loi des 19-*

1

23 juin 1790, ne peut, dans aucun cas, conférer à l'acquéreur le droit d'ajouter le nom de ce fief à son nom patronymique.

Ces questions étaient soulevées par un débat fort vif qui s'élève pour la seconde fois, sinon sur la propriété même du nom de Vauvenargues, au moins à propos de ce grand nom, l'un des plus illustres et des plus enviés de la Provence. Elles ont été résolues ainsi qu'il suit par un jugement du tribunal d'Aix du 19 décembre 1868, qui fait suffisamment connaître la cause :

« Attendu que les sieurs de Clapiers s'étant, ainsi qu'il conste des *Moniteurs* des 2 et 3 janvier 1867, pourvus auprès de M. le Garde des sceaux, à l'effet d'obtenir l'autorisation d'ajouter à leur nom patronymique celui de Vauvenargues, le sieur Jean-Gonzague-Léon-Edward d'Isoard déclara une première fois s'opposer à l'admission de cette demande, et fit parvenir une opposition dans les bureaux de la Chancellerie, à une date qui n'est point fixée ;

« Attendu que la première demande des sieurs de Clapiers ayant été rejetée et ajournée, parce qu'ils y prenaient des qualifications qui ne leur appartenaient pas, ceux-ci l'ont renouvelée le 22 avril 1868, après insertion au *Moniteur*, le 19 du même mois ;

« Que cette nouvelle demande a été suivie d'une nouvelle opposition du sieur d'Isoard, à la date du 22 mai 1868, opposition sur les termes de laquelle les parties paraissent être d'accord, et basée principalement, d'après le sieur d'Isoard, sur ce point que le nom de Vauvenargues, loin de s'être jamais éteint, a toujours été porté par ses aïeux, depuis l'acquisition qu'ils ont faite de la terre de Vauvenargues ;

« Attendu que les sieurs de Clapiers ont ajourné, le 8 juin 1868, le sieur d'Isoard devant le tribunal de céans, pour voir ordonner que son opposition est mal fondée et sera soulevée...;

« Attendu que le sieur d'Isoard, tout en concluant au fond, soutient aujourd'hui que le tribunal est incompétent;

« Attendu que le tribunal a donc à examiner d'abord s'il est compétent, et en second lieu si la prétention des sieurs de Clapiers est justifiée, et si l'opposition du sieur d'Isoard doit être déclarée mal fondée...;

« Attendu qu'avant d'arriver à l'examen de cette question il y a lieu cependant de compléter l'exposé des faits et de poser les principes qui régissent la matière :

« Qu'en fait, le tribunal ne doit pas oublier que l'instance actuelle n'est point la première qui ait existé entre les parties;

« Que dans le courant de l'année 1867, les sieurs de Clapiers assignèrent les sieurs Edward d'Isoard défendeur au procès actuel, le sieur Guy d'Isoard son frère, et Léon-Gustave d'Isoard, oncle, lequel, ainsi que Guy d'Isoard, n'est point partie dans l'instance engagée aujourd'hui devant le tribunal de céans, pour qu'il fût fait inhibition et défenses au sieur d'Isoard de porter le nom de Vauvenargues;

« Que le tribunal, dont le jugement a été confirmé par arrêt de la cour d'Aix, arrêt attaqué par un recours en cassation qui ne fut point admis par la Chambre des requêtes, déclara MM. de Clapiers non recevables parce que, bien que parents du dernier marquis de Vauvenargues, ils n'avaient jamais porté le nom de ce dernier, parce qu'ils appartenaient à la branche aînée de Clapiers, et n'avaient pas dans leurs veines une goutte de sang des Vauvenargues qui faisaient partie de la branche cadette ; parce qu'enfin, ils n'étaient parents qu'au seizième degré du dernier des Vauvenargues ;

Attendu qu'il y a lieu de constater ici que les sieurs de Clapiers,

ayant été déclarés non recevables comme n'ayant ni qualité ni intérêt, la question du fond ne fut point jugée, et que les diverses
juridictions devant lesquelles fut portée cette affaire n'eurent point
à examiner si les sieurs d'Isoard avaient réellement le droit de porter le nom de Vauvenargues ;

« Attendu que, d'après les principes du droit commun, le droit
au nom constitue une propriété, tout comme les droits que l'on peut
avoir sur un meuble ou un immeuble ; que la loi du 6 fructidor
an XI a consacré ce principe, en édictant qu'aucun citoyen ne pourra
porter de noms ni de prénoms autres que ceux exprimés dans son
acte de naissance ;

« D'où il suit que le droit à un nom étant une propriété comme
une autre, c'est devant les tribunaux civils que toutes les questions
relatives à la propriété d'un nom doivent être portées et ont toujours été portées ;

« Attendu que la loi de germinal an XI, n'a modifié en rien ces
principes ; qu'aux termes des art. 4, 6 et 7 de cette loi, toute personne qui aura quelque raison de changer de nom en adressera la
demande motivée au gouvernement, qui prononcera dans les formes
prescrites par les règlements d'administration publique ; que s'il
autorise ce changement, cet arrêté n'aura son exécution qu'au bout
d'un an ; que, pendant le cours de cette année, toute personne y
ayant droit sera admise à présenter requête au gouvernement pour
obtenir la révocation de l'arrêté autorisant le changement de nom,
et cette révocation sera prononcée par le gouvernement, s'il juge
l'opposition fondée ;

« Attendu que cette loi investit le gouvernement d'une juridiction toute gracieuse, et que l'art. 5 de cette même loi imposant au gouvernement l'obligation de prononcer dans les formes prescrites par
les règlements d'administration publique, il s'en suit qu'il y lieu à

délibération par le Conseil d'État, ce qui constitue pour ce dernier, une attribution mixte, en ce sens qu'elle tient tout à la fois des attributions administratives et des attributions contentieuses ;

« Mais qu'il y a lieu de remarquer que cette loi de l'an XI ne donne en aucune façon au gouvernement le droit de se prononcer sur la propriété des noms ;

« Qu'ainsi, par exemple, l'article 11 de cette loi porte qu'il n'est rien innové par ladite loi en ce qui concerne les questions d'état entraînant changement de nom ; que lorsqu'une question de ce genre est soulevée par un pourvoi au Conseil d'État dans les délais fixés par l'article 7, le Conseil d'État, en révoquant l'ordonnance autorisant le changement de nom, renvoie les parties à se pourvoir devant les tribunaux ordinaires. (Voir l'ordonnance du Conseil d'État du 2 juin 1819.)

« Attendu, quant à l'arrêté ministériel du 25 juin 1828, qu'il n'a été abrogé par aucun autre arrêté postérieur et qu'on ne peut pas admettre la désuétude en pareille matière ;

« Que le tribunal doit donc considérer comme étant encore en vigueur l'article 4 de cet arrêté, aux termes duquel il sera donné avis au réclamant des oppositions qui seraient parvenues dans les bureaux de la Chancellerie, et aux termes duquel encore il doit être sursis à toute instruction et à toute décision jusqu'à ce que les parties intéressées se soient entendues pour faire cesser l'opposition, ou qu'il ait été statué sur cette opposition en justice réglée. Le tout, ajoute l'article, sans préjudice du droit d'opposition réservé par l'article 6 de la loi du 11 germinal an XI, dernière énonciation qui répond par avance à la contradiction que l'on a prétendu exister entre l'arrêté ministériel et la loi de l'an XI ;

« Attendu qu'il y a lieu de constater encore, en ce qui concerne cet arrêté ministériel de 1828, qu'il n'a pas créé la compétence des tribunaux en matière d'opposition aux changements de nom; qu'il l'a seulement reconnue comme résultant des lois à ce relatives, et du droit commun ;

« Attendu qu'il résulte de l'examen auquel il vient d'être procédé, qu'il y a deux genres d'opposition, l'une antérieure à l'autorisation en changement de nom, c'est celle dont parle l'article 4 de l'arrêté ministériel du 25 juin 1828, et l'autre postérieure à l'autorisation et dont s'occupent les articles 4, 6 et 7 de la loi de l'an XI ;

« Attendu que la législation étant ainsi établie, il y a lieu d'en faire l'application à l'espèce actuelle ;

« Attendu qu'il n'est pas contesté qu'une première opposition a été formée par Jean-Gonzague-Léon-Edward d'Isoard à la première demande des sieurs de Clapiers; que d'Isoard ne l'a pas nié; qu'il en nie seulement la forme ou pour mieux dire quelques expressions...;

« Attendu que cette première opposition soulève évidemment une question de propriété de nom; qu'aucun doute n'est possible à cet égard ;

« Attendu qu'il en est de même de l'opposition faite par d'Isoard le 22 mai dernier et sur les termes de laquelle les parties paraissent être d'accord; que si les expressions en sont moins explicites, elles n'en soulèvent pas moins une question de propriété de nom, puisque d'Isoard y soutient que le nom de Vauvenargues, loin de s'être jamais éteint, a toujours été porté par ses aïeux depuis l'acquisition qu'ils ont faite de la terre de Vauvenargues ;

« Que d'ailleurs, cette seconde opposition se rattache évidemment à la première;

« Attendu qu'en affirmant ainsi son droit de propriété du nom de Vauvenargues, d'Isoard est sorti du rôle de défendeur, dans lequel il s'était renfermé jusqu'à présent, notamment vis-à-vis des sieurs de Clapiers, dont il n'avait écarté les prétentions que par une fin de non-recevoir ;

« Qu'il a ainsi soulevé une question de propriété de nom, à raison de laquelle les tribunaux civils sont seuls compétents ;

« Qu'il n'est pas exact, ainsi que cela a déjà été dit, que l'arrêté ministériel du 25 juin 1828 ait été abrogé et qu'il n'y ait donc plus lieu de faire juger les oppositions en justice réglée ; que d'Isoard lui-même s'est conformé par deux fois aux prescriptions de cet arrêté, en faisant par deux fois opposition aux demandes des sieurs de Cla-piers, opposition qu'il ne faut pas confondre avec celle dont parle l'article 7 de la loi de germinal an XI ;

« Quand, admettant même, ainsi que le prétend d'Isoard, que cet arrêté ministériel ait été abrogé, les sieurs de Clapiers auraient encore le droit d'attaquer les sieurs d'Isoard devant les tribunaux civils, seuls compétents, on ne saurait trop le répéter, pour juger les questions de propriété de noms, et par conséquent devant le tribunal de céans qui est celui du domicile du défendeur pour faire tomber une opposition qui leur porte préjudice, et tout au moins pour faire déclarer que cette opposition a été faite sans droit ;

« Qu'en effet, l'allégation du sieur d'Isoard qu'il est seul pro-priétaire du nom de Vauvenargues, par lui ou par ses aïeux depuis l'acquisition de la terre de Vauvenargues, est de nature à faire rejeter la demande des sieurs de Clapiers devant la Chancellerie, et, par conséquent, peut occasionner à ces derniers un préjudice évident ;

« Que cette considération, fût-elle la seule, serait suffisante pour autoriser l'action qu'ils ont portée devant le tribunal ;

« Attendu qu'en cet état, le tribunal est dans la nécessité de juger au fond, et d'examiner si, comme l'a soutenu d'Isoard dans ses deux oppositions, celui-ci a un droit exclusif au nom de Vauvenargues ;

« Attendu que bien que d'Isoard ait conclu au fond, il n'a fourni aucune preuve à l'appui de ses prétentions, quoique le tribunal, dans le cours des débats, l'ait mis en demeure de fournir des justifications ;

« Attendu qu'il résulte de l'examen de la généalogie, que la branche cadette des Clapiers, celle qui a pris le nom de Vauvenargues en 1548, à la suite du mariage de François de Clapiers avec Marguerite de Séguiran, fille du seigneur de Vauvenargues, s'est éteinte en 1801, par le décès de Nicolas-François-Xavier de Clapiers, marquis de Vauvenargues ;

« Que le sieur d'Isoard n'a jamais émis, en termes formels et précis, la prétention d'être un des descendants de cette branche, bien que sa première opposition puisse présenter quelque équivoque sur ce point;

« Attendu qu'il paraît résulter, soit de la seconde opposition du sieur d'Isoard, soit des quelques mots qui ont été dits à ce sujet par son avocat, que d'Isoard puise sa prétention de porter le nom de Vauvenargues dans l'acquisition qui a été faite par sa bisaïeule de la terre de Vauvenargues;

« Attendu qu'il résulte d'un extrait délivré par le receveur de l'enregistrement à Aix, que cet état d'acquisition par Madame Pin, veuve Isoard, de François-Nicolas-Xavier de Clapiers-Vauvenargues, remonte au 15 juillet 1791.

« Que cet extrait ne mentionne aucune stipulation quant au nom de Vauvenargues, et que l'acte ne pouvait, en effet, en porter aucune, puisqu'il est postérieur aux décrets du 19 juin 1790, et 27 septembre 1791, qui abolirent les titres de noblesse, et ordonnèrent à chaque citoyen de ne porter que son nom de famille ; que dès lors d'Isoard ne peut point invoquer la jurisprudence d'après laquelle on pouvait, avant 1789, ajouter sans autorisation du roi, à son nom patronymique, celui du fief que l'on avait acquis;

« Attendu enfin qu'il n'est pas exact, ainsi que l'a soutenu d'Isoard dans sa seconde opposition, que le nom de Vauvenargues, loin de s'être jamais éteint, a toujours été porté par ses aïeux depuis l'acquisition qu'ils ont faite de la terre de Vauvenargues;

« Qu'il résulte de l'examen des actes de l'État civil de cette famille, que c'est seulement en 1836, et le 31 janvier, que le sieur Aloïs-Joachim d'Isoard, père du défendeur actuel, a pris le nom de Vauvenargues dans l'acte de naissance d'une des sœurs du défendeur, et que le 3 janvier 1838, date de la naissance du défendeur, ce nom a été également pris par son père;

« Qu'il résulte donc de tout ce qui précède que le sieur d'Isoard a fondé son opposition sur des affirmations manifestement contraires à la vérité;

« Attendu que le tribunal n'est pas compétent pour prononcer sur les oppositions faites entre les mains de M. le Garde des sceaux; qu'il n'a ni le droit ni l'intention de s'immiscer dans les prérogatives constitutionnelles du souverain; mais qu'il a le droit de compétence pour prononcer sur un fait illégitime et préjudiciable d'une partie envers une autre; qu'ainsi, les conclusions des demandeurs ne peuvent être accueillies que dans une juste mesure;

« Le tribunal d'Aix se déclare compétent; dit et déclare que c'est mal à propos et sans fondement que d'Isoard a prétendu, dans ses oppositions, avoir un droit quelconque à la propriété du nom de Vauvenargues; qu'il a ainsi fait préjudice aux sieurs de Clapiers, parents éloignés du dernier marquis de Vauvenargues, demandant d'en prendre le nom pour l'ajouter au leur par un décret du souverain; enjoint à d'Isoard de soulever les oppositions par lui faites

2

dans le mois de la signification du présent jugement, réservant tous leurs droits aux sieurs de Clapiers, dans le cas où il ne le ferait pas. »

M. d'Isoard émet appel de ce jugement. Me Pascal Roux a plaidé pour l'appelant, Me Arnaud a plaidé pour MM. de Clapiers.

M. l'avocat général Desjardins a conclu à la confirmation par les raisons suivantes[1] :

« Messieurs Jacques-Balthasard et Lazare-Alfred de Clapiers-Collongue, les plus proches parents du dernier des Vauvenargues demandent à M. le Garde des sceaux l'autorisation d'ajouter à leur nom celui du moraliste. Une opposition a été formée à cette demande par M. d'Isoard, représentant d'une famille qui s'est emparée de ce nom illustre sous la monarchie de Juillet...

« Cependant l'acte d'opposition n'est pas produit par MM. de Clapiers-Collongue : on peut soutenir qu'il est impossible de statuer sur une semblable opposition sans en connaître le texte précis. Tel n'est pas mon avis : il suffit, selon moi, que le fait même de l'opposition soit certain. Remarquez que M. d'Isoard ne l'a contestée ni devant les premiers juges ni devant vous ; loin de la nier dans son mémoire, il déclare qu'il l'a réitérée comme MM. de Clapiers avaient eux-mêmes réitéré leur demande ; il invoque seulement à son profit le silence de la Chancellerie, qui n'en a pas informé ses adversaires. Ou cette opposition ne repose sur aucun motif, et si M. d'Isoard le prétendait, il serait bien facile au juge compétent d'en apprécier la portée ; ou M. d'Isoard, à l'appui de cet acte, apporte ses prétentions au nom de Vauvenargues. Lequel d'entre vous, Messieurs, doutera qu'il ne les ait fait valoir ? Ne le prend-il pas dans la vie quotidienne,

[1] Le texte de ces conclusions a été publié par M. Dalloz. *Jurisprudence générale*, année 1870, 1. 15.

dans la consultation qui vous a été distribuée, dans tous les actes de la procédure? Cette omission serait absurde; cette soudaine abdication serait le comble de l'invraisemblance : les présumer, ce serait faire injure au sens commun, et rien n'empêche le tribunal compétent, s'il en est un, de prononcer sur un pareil acte. D'ailleurs, si la Chancellerie donne avis d'une opposition dans certains cas, elle n'a pas l'habitude d'en donner la copie : la Cour peut et doit s'en passer;

« Mais M. d'Isoard vous rappelle que la Cour d'Aix, le 25 juillet 1867, la Cour de cassation, le 20 avril 1868, se sont occupées d'un semblable débat. Les mêmes plaideurs se disputaient alors le nom de Vauvenargues : MM. de Clapiers s'étaient pourvus devant les tribunaux ordinaires, pour empêcher M. d'Isoard de porter ce nom. Le tribunal d'Aix les ayant déclarés non recevables, faute d'intérêt et de qualité, ils crurent se créer un titre en sollicitant du gouvernement, avant que la juridiction d'appel eût statué, le droit d'ajouter à leur nom celui de leur illustre parent : vous avez jugé souverainement que l'intérêt né de cette demande ne pouvait légitimer l'action des demandeurs, et la Cour de cassation a consacré cette doctrine : « Le juge du fait, dit son arrêt, a répondu à bon droit « que cet intérêt, que le premier venu peut se créer, ne saurait « suppléer à la qualité qui fait si absolument défaut à MM. de Cla-« piers-Collongue. » Eh bien! dit aujourd'hui l'appelant, il y a là chose jugée. — Examinons Messieurs.

« Les mêmes parties sont en cause; mais ont-elles le même procès? Y a t-il, pour emprunter le langage de l'école, identité dans l'objet de la demande? — En 1867, que voulaient MM. de Clapiers? — Obtenir qu'il fût défendu à M. d'Isoard de porter le nom de Vauvenargues. Que veulent-ils aujourd'hui? D'abord vous faire décider que l'opposition de M. d'Isoard à leur demande en addition de

nom est mal fondée, ensuite vous faire ordonner que cette opposition sera soulevée (je transcris leurs conclusions mot à mot). Quoi !
ces demandes seraient identiques ! MM. de Clapiers prétendent vous
faire apprécier un acte dont ils ne se plaignaient pas en 1867, et
vous auriez tranché cette question en 1867 ! — MM. de Clapiers
essayent de faire réduire à néant une opposition dont la Cour ne
soupçonnait pas l'existence en 1867, et vous seriez enchaînés par
votre arrêt de 1867 ! — Mais, dit-on, l'intérêt que ne créait pas la
demande en addition de nom, l'opposition ne peut pas le faire naî-
tre ! MM. de Clapiers, dit-on encore, arrivent indirectement, sans
qualité nouvelle, à faire triompher la prétention déjà repoussée par
la Cour. Prenons garde, et ne changeons pas le terrain du débat.
Les intimés ne se sont pas prévalus de l'opposition pour renouveler
le premier procès, c'est-à-dire pour faire défendre à leurs adversaires de porter le nom de Vauvenargues : aussi, le dispositif du jugement attaqué ne contient-il aucune prohibition de ce genre ; ils se
sont prévalus de l'opposition pour attaquer l'opposition elle-même.
Cette attaque, la seule sur laquelle le tribunal ait statué, vous n'en
étiez pas, vous n'en pouviez pas être les juges il y a deux ans. Il
est faux, d'ailleurs, que MM. de Clapiers atteignent indirectement,
par là même, le but qu'ils s'étaient jadis proposé. — Rien, après un
arrêt confirmatif, n'empêcherait leur adversaire de se parer, comme
autrefois, du nom qui lui est cher. Que MM. de Clapiers veuillent
le lui faire interdire par les tribunaux : « L'opposition, leur répon-
« dra-t-on, crée et limite à la fois votre intérêt : cette opposition
« terrassée, vous restez comme auparavant parents au seizième de-
« gré, simples demandeurs en addition de nom ; vous ne pouvez,
« pas plus qu'en 1867, puiser dans ce fait ou dans cette prétention
« le droit d'agir contre M. d'Isoard. » Il n'y a donc pas chose
jugée.

« Mais une semblable opposition peut-elle soulever un débat devant une juridiction quelconque? L'arrêté ministériel du 25 juin 1828 le suppose, puisqu'il va jusqu'à désigner la juridiction compétente. Je n'ignore pas qu'un simple arrêté ministériel peut constater, non créer une telle règle : il s'agit de savoir si, en juin 1828, M. le Garde des sceaux Portalis a mal résolu la question.

« Quel est donc, vous dit M. d'Isoard, le caractère de cette opposition? — Peut-on l'envisager comme un acte de procédure ordinaire? Ai-je envoyé un huissier à MM. de Clapiers? Ai-je fait signifier un exploit dans les bureaux de la Chancellerie? Non : la demande de MM. Clapiers-Collongue en était encore à sa première phase; la Chancellerie se recueillait; elle instruisait cette demande et réunissait administrativement tous les documents propre à en déterminer la solution. Parmi ces documents, il faut compter les oppositions qui parviennent au Ministre dans les trois mois postérieurs aux publications requises. Quoi donc! un Ministre ne pourrait examiner une affaire de son département sans qu'on troublât cet examen à coups d'exploit! On lui arracherait violemment cette affaire pour la porter aux tribunaux de droit commun ou d'exception! On fouillerait, on mutilerait ce dossier jusqu'à ce qu'on pût faire quelque procès avec un de ses lambeaux! Mais sur quel principe de droit, sur quel texte législatif étayer une prétention aussi exorbitante? — Parlera-t-on d'un préjudice à réparer? Où est le préjudice, en règle générale? Sait-on si le Ministre a tenu compte de l'opposition? Peut-être avait-il pris son parti avant qu'elle lui fût adressée; peut être, en refusant de présenter la demande au Conseil d'État, s'est-il déterminé par d'autres motifs inconnus des deux parties. C'est donc une simple hypo-

thèse qui servirait de fondement à une telle demande ? Le
doute, cette fois, n'est pas même permis, puisque la Chancellerie a informé M. le procureur impérial d'Aix que, « dans l'af-
« faire de MM. Clapiers, l'opposition de M. d'Isoard-Vauvenargues
« n'a nullement arrêté le cours de l'instruction. » — Ainsi rai-
sonne ou peut raisonner M. d'Isoard.

« Cette question, Messieurs, est infiniment délicate, et digne de
vos plus sérieuses méditations. La forme même de l'opposition
ne me semble pas indifférente. Ainsi, je n'admets pas, quand elle
s'est produite dans une lettre adressée à un Ministre, qu'un
tribunal puisse en ordonner purement et simplement la mainlevée, ou que son jugement, comme le réclamaient d'abord MM. de
Clapiers, puisse tenir lieu de cette mainlevée : du reste, le tribunal d'Aix n'est pas tombé dans cette erreur; il a simplement
constaté le préjudice causé par les oppositions, et réservé tous les
droits des demandeurs pour le cas où M. d'Isoard n'y renoncerait
pas dans un certain délai. — Au fond, il importe assez peu, si
le débat ne pouvait pas même être déféré à la juridiction conten-
tieuse.

« L'opposition, ce me semble, n'est pas un document adminis-
tratif ordinaire. M. le Garde des sceaux s'attend aux oppositions,
sans nul doute : je dirai plus, il les provoque. Autrement à quoi
serviraient, pendant cette première période, les publications dans
les journaux, requises soit par les arrêtés ministériels du 26 oc-
tobre 1815, du 10 avril 1818, du 25 juin 1828, soit par le décret
impérial du 8 janvier 1859 ? — Ces publications n'ont évidemment
qu'un objet : avertir les tiers, les mettre à même de protester et
d'entraver l'instruction. Mais quels tiers ? Ceux-là seulement qui
ont un droit quelconque à porter le nom ou à le protéger contre
d'injustes convoitises : l'intervention des autres serait superflue

et vexatoire. Les oppositions ne sont donc pas, dans ce dossier qui se forme à la Chancellerie, des pièces essentielles et nécessaires, comme la demande elle-même ou l'acte de naissance du pétitionnaire ; elles ne ressemblent pas non plus aux avis motivés du procureur impérial, et du procureur général, qui ont pour but exclusif d'éclairer le Ministre. Les tiers, agissant dans un intérêt privé, se lèvent, et interpellent : « Nous vous prions, lui disent-ils, « d'écarter cette demande. » — Pourquoi ? — « Parce qu'elle « nous lèse : en l'accordant, vous portez atteinte à nos droits. » — Ah ! je concevrais à merveille un système législatif qui supprimât les oppositions dans cette première phase ; mais, puisqu'il en est autrement, puisqu'elles se produisent légalement et quotidiennement à la Chancellerie, elles n'ont pas d'autre sens.

« N'est-il pas clair que cette opposition peut nuire au requérant ? Quand elle est fondée, celui-ci n'a pas à se plaindre : *Il n'y a pas de droit contre le droit*. Si le descendant du dernier marquis de Vauvenargues venait entraver la demande de MM. de Clapiers, ceux-ci, quel que fût le préjudice, réclamaient inutilement contre l'exercice d'un droit inviolable. En sera-t-il de même si l'opposant n'est qu'un usurpateur ? s'il n'a que l'apparence et l'ombre du droit ? Il faudra toujours, réplique-t-on, démontrer le préjudice. Le pétitionnaire, ce me semble, pourrait répondre à son tour : « Je ne sais qu'une chose : j'avais fait une demande, et vous la « combattez sans droit ; cette demande n'est pas encore renvoyée « au Conseil d'État. Le Ministre l'a-t-il classée sans suite, confor- « mément à l'article premier de l'arrêté du 25 juin 1828 ? — « A-t-il sursis conformément à l'article 4 ? Je l'ignore : mais vous « avez certainement entravé ma prétention par la vôtre, en sou- « tenant faussement que je lésais vos droits ; par cela seul vous « lésez les miens ; le tribunal compétent appréciera le préjudice

« et tout d'abord, par une conséquence forcée, la valeur de votre
« opposition. » J'incline à penser que ce raisonnement est juri-
dique.

« Mais, l'appelant se prévaut de la dépêche ministérielle : quel
préjudice peut avoir causé l'opposition quand le Ministre affirme
qu'elle n'a *pas arrêté le cours de l'instruction ?* N'exagérons pas la
portée de cette dépêche, Messieurs. Que dit la Chancellerie ?
Nonobstant l'opposition, l'instruction a suivi son cours : rien de
plus. Eh bien ! voici l'instruction terminée, je le suppose ; l'affaire
entre dans une phase nouvelle ; M. le Garde des sceaux peut la
classer *sans suite* ou la renvoyer au Conseil d'État. J'admets qu'il
s'arrête au premier parti. Ne peut-il pas se dire alors que, nul
n'ayant le droit de prendre le nom de Vauvenargues, le gouvernement n'a pas besoin de se prononcer dans une pareille lutte ? Qu'il
est inutile, impolitique de froisser une famille nombreuse, influente,
peut-être mal fondée dans ses prétentions, mais les soutenant avec
une énergie sans égale ? Peut-être assez indifférent, dès le début
de la procédure, aux prétentions contraires, ne peut-il pas, au
dernier moment, se laisser pousser à ce premier parti par le seul
fait de l'opposition ? Mais j'admets aussi qu'il s'arrête au second et
je l'admets volontiers, car d'éminents jurisconsultes, M. Duver-
gier, par exemple, croient que le Conseil d'État doit être néces-
sairement saisi ; la prétention des opposants est approuvée ou con-
damnée par la Chancellerie, le dossier transmis au Conseil d'État.
Les oppositions, inséparables de ce dossier, vont être examinées
par la section de législation : quelle influence exerceront-elles ? qui
peut, d'avance, en mesurer l'effet ? Il ne s'agit encore ici que d'ac-
corder une faveur aux requérants, et le gouvernement est investi
d'un pouvoir discrétionnaire : les motifs qui n'ont pas, je le suppose, arrêté le Garde des sceaux, peuvent déterminer le Conseil à

donner un avis défavorable. Je veux bien qu'il donne un avis favorable : l'Empereur, on le sait, peut n'en tenir aucun compte ; car ce grand corps n'a pas de pouvoir propre, et le Ministre de la justice peut encore, en apportant à Sa Majesté le dossier de cette affaire, se prévaloir de l'opposition pour faire échouer l'opinion du Conseil d'État. Si l'affaire est discutée en Conseil des Ministres, l'opposition, qui n'a pas déterminé le Garde des sceaux à donner un avis négatif, peut sembler décisive à quelques-uns de ses collègues ; elle peut ébranler l'Empereur lui-même, et l'engager, malgré l'avis de ses conseillers ordinaires, à rejeter la demande. Lorsqu'une opposition peut entraîner à sa suite tant de conséquences préjudiciables, le requérant est fondé, ce me semble, à se pourvoir au contentieux, c'est-à-dire à dénoncer ce préjudice au tribunal compétent.

« Mais quel est le tribunal compétent ?

« L'arrêté du 25 juin 1828 décide qu'il sera statué sur les oppositions *en justice réglée*, c'est-à-dire par les tribunaux ordinaires. Cette disposition n'est plus appliquée, dit M. d'Isoard ; elle est donc abrogée par la désuétude. Il est bon de remarquer que M. le procureur général Dupin, dans des réquisitions célèbres adressées en 1846 à la Cour de cassation sur l'ordre de M. le Garde des sceaux, renvoyait encore les demandeurs en addition de nom à cet arrêté ministériel comme au complément nécessaire de la loi de germinal an XI, et supposait à ce propos qu'il avait pu être statué sur l'opposition prévue par l'article 4[1]. Qu'on n'applique plus l'article 4 depuis cette époque, j'y souscris ; mais comment admettre le singulier

[1] Cet article 4 est ainsi conçu : « Il sera donné avis aux réclamants des oppositions, « qui seraient parvenues dans les bureaux de notre département à leurs demandes, « durant les trois mois postérieurs à la publication qu'ils en auront faite par la voie « des journaux ; dans cet état de choses, il sera sursis à toute instruction et à toute « décision, jusqu'à ce que les parties intéressées se soient entendues pour faire cesser « l'opposition, ou qu'il ait été statué sur cette opposition en justice réglée.... »

3

corollaire qu'en tire l'appelant? Sous l'empire des lois modernes, un arrêté ministériel ne peut pas plus être abrogé par voie de désuétude qu'un décret impérial. Il est élémentaire que, pas un plaideur ne s'en fût-il servi depuis 1846, mais encore depuis 1828, un plaideur plus avisé pourrait aujourd'hui s'en prévaloir. Mais il n'est pas moins élémentaire qu'un simple arrêté ministériel ne suffisait pas à trancher une question de compétence. Aussi, M. Alfred Levesque, après avoir, dans son remarquable traité du droit nobiliaire français, imprimé en 1866, regardé l'article 4 de l'arrêté ministériel comme toujours applicable, l'invoque-t-il seulement comme *une réponse de plus* à la doctrine qui soustrait la propriété des noms à la protection des tribunaux ordinaires. Si M. le Garde des sceaux Portalis avait été compétent pour résoudre le problème en 1828, ce n'est pas une réponse de plus qu'on eût cherché dans son arrêté, mais l'unique réponse. Il est présumable que l'arrêté de 1828 a sainement apprécié la loi, juridiquement indiqué la compétence : rien de plus.

« Pour décliner votre compétence, on soutient que les noms constituent une propriété d'une espèce particulière, qu'ainsi, la loi de germinal an XI donne au Conseil d'État le droit exclusif de statuer sur les oppositions une fois que la demande, sur l'avis favorable ou défavorable de ce même Conseil, a été accueillie par l'Empereur; que vous n'êtes donc pas les gardiens naturels d'une telle propriété; que cependant, pour statuer sur la validité de l'opposition, sur le préjudice créé par l'opposition, vous devriez envahir ce domaine réservé par la loi de l'an XI à l'autorité administrative.

« La loi de l'an XI n'en dit pas tant, Messieurs. Elle prévoit le cas où l'Empereur a statué sur la demande en addition de nom : ce n'est plus contre la requête originaire qu'est formée l'opposition, mais contre le décret lui même. Que veut l'opposant? faire retrac-

ter le décret. A qui s'adressera-t-il ? Au pouvoir judiciaire ? Non,
sans doute, mais à l'Empereur lui-même, à l'Empereur en son
Conseil d'État. C'est clair, c'est logique. S'ensuit-il que la législation
moderne ait soustrait la propriété des noms à la protection des tribunaux ordinaires? C'est un paradoxe qu'aucun jurisconsulte
sérieux n'oserait soutenir.

« Pourquoi cesseriez vous d'être compétents ? Quand il s'agit
de restreindre votre compétence, il faut que le législateur s'en
charge lui-même par un texte précis, formel, irrécusable. Où est
le texte ? On chercherait en vain : le législateur n'a pas commis
cette faute. Vous défendez en règle générale tout le patrimoine
des citoyens. Qu'on usurpe un nom, qu'on usurpe une terre,
vous êtes les juges naturels de l'usurpation. Il n'est pas seulement légal, il est équitable, il est moral que de tels procès soient
déférés aux tribunaux de droit commun : « Cette compétence
sur les questions de propriété est générale, » disait en 1865 à
la Cour de Paris, dans l'affaire de Montmorency, M. le premier
avocat général de Vallée. C'est pourquoi la Cour de Besançon
décidait expressément, le 6 février 1866, que la juridiction ordinaire
est seule compétente pour trancher toutes les questions relatives à
la transmission et à la propriété des noms patronymiques. Bien plus,
en 1846, dans l'affaire Terray, la Cour de cassation, sur le pourvoi formé par son procureur général lui-même, déniait au Roi
la faculté de statuer sur la transmission d'un nom patronymique, en dehors des formalités prescrites par la loi de germinal,
et, restreignant le pouvoir exécutif à son rôle strictement légal,
réservait au pouvoir judiciaire le droit de statuer à *côté de*
l'ordonnance, comme si elle n'existait pas. M. Alfred Levesque
a écrit, dans son Traité du droit nobiliaire, que, même après le
rejet de l'opposition par le Conseil d'État dans la dernière phase

de l'instruction, la question de propriété préexistante n'était pas vidée par ce grand corps et pouvait être encore soumise aux tribunaux de droit commun, tant leur compétence en pareille matière est indélébile. « Nous croyons, disait dans une hypo-« thèse non pas identique mais analogue, le 11 août 1866, « M. le Maître des Requêtes Aucoc, au Conseil d'État, qu'il appar-« tiendrait aux tribunaux civils non pas d'annuler le décret, « mais de statuer à côté du décret et de reconnaître le droit con-« testé, parce qu'il est évident que l'Empereur ne peut disposer « arbitrairement des propriétés privées. » Vous induirez avec moi de ces raisons et de ces exemples que M. de Clapiers-Collongue, dans le procès actuel, voulant s'adresser à un tri-bunal, devait s'adresser à vous.

« Il s'agit donc maintenant d'apprécier, ainsi que le demandent les intimés, la valeur de l'opposition. M. d'Isoard a lui-même, dans des conclusions très-subsidiaires qu'il peut regretter aujourd'hui, mais que rien ne saurait effacer, accepté le débat sur ce terrain.

« Le 15 juillet 1791, Madame Pin, veuve Isoard, bisaïeule de l'appelant, acheta la terre de Vauvenargues. L'eût-elle acquise avant 1789, il faudrait qu'elle prouvât aujourd'hui sa noblesse pour ajouter à son nom le nom de cette terre. La grande ordonnance de Blois, qui fut enregistrée par le Parlement de Provence, décide en effet que « les roturiers et non nobles, «achetant des fiefs nobles ne seront pas pour ce anoblis, ni mis « au rang et degré des nobles. ». La Cour d'Agen a donc bien fait de juger, le 28 décembre 1857, que l'acquéreur d'une terre, s'il était roturier, ne pouvait, de-puis 1579, ajouter le nom du fief à son nom patronymique. Mais l'acquisition n'a lieu qu'après la loi des 19-23 juin 1790, abolissant tous les titres de noblesse, et enjoignant à chaque citoyen de ne prendre *que le vrai nom de sa famille*. Il serait dérisoire de discuter un instant la portée d'une semblable acquisition.

« C'est le 31 janvier 1836 que le père de l'appelant, sous l'empire d'une loi clémente, prit pour la première fois, dans l'acte de naissance d'une de ses filles le nom de Vauvenargues ; il le prit encore, le 3 janvier 1838, dans l'acte de naissance de son fils, Jean-Gonzague-Léon Edvard, défendeur au procès actuel. C'est un fait que le Code pénal ne prévoyait plus depuis quelques années, et ne devait plus prévoir pendant vingt ans. Quoique impuni, ce fait n'en constituait pas moins l'usurpation d'un nom. Le préjudice est clair, Messieurs, et vous maintiendrez le jugement. »

ARRÊT. — La Cour, adoptant les motifs des premiers juges : confirme, etc.

Cour impériale d'Aix, 1re chambre, 10 juin 1867. — M. Rigaud, premier président; plaid. Mes Pascal Roux et Arnaud; M. Desjardins, avocat général (concl. conf.).

Paris. — Imprimerie VIÉVILLE et CAPIOMONT, 6, rue des Poitevins.

www.ingramcontent.com/pod-product-compliance
Lightning Source LLC
Chambersburg PA
CBHW070735210326
41520CB00016B/4465